# RELATION HISTORIQUE
## DU SÉJOUR
# DE S. M. LOUIS-PHILIPPE I<sup>er</sup>,
### ROI DES FRANÇAIS,
#### ET DES DUCS D'ORLÉANS ET DE NEMOURS
##### A BESANÇON,
###### PENDANT LES 25, 26 ET 27 JUIN 1831 (1).

Ce fut avec un vif sentiment de plaisir que les Bisontins apprirent, d'abord par un bruit vague, et ensuite par les journaux, avec plus de certitude, que leur province, et en particulier leur ville, étaient comprises sur l'itinéraire que devait suivre le Roi dans sa visite des départemens de l'Est. Il y avait si long-temps qu'un monarque français n'était venu dans leurs murs! Depuis 1683 (2), époque où Louis XIV vint pour la seconde fois dans notre cité, aucun roi n'avait daigné approcher de nous, se mettre en communication directe avec le peuple bisontin, et voir dans nos montagnes ces hommes, dont une partie n'a connu, il est vrai, la liberté que depuis le grand affranchissement de 89, mais qui tous ont su la défendre

---

(1). Nous n'avons pas la prétention de faire une notice complète de tout ce qui s'est passé à Besançon pendant le séjour de S. M. : le tems et surtout les renseignemens nous ont manqué. Notre but unique a été de satisfaire l'empressement des citoyens qui désirent conserver le souvenir de ce qu'il y a eu de remarquable pendant ces trois journées.

(2) Le 16 juin 1683, Louis XIV est arrivé à Besançon pour la seconde fois : il était accompagné de la reine, du dauphin, du duc d'Orléans, frère du roi, de l'épouse de ce prince, du duc d'Enghien, du prince de Conti et de son épouse, du prince de Laroche-sur-Yon et de plusieurs autres grands seigneurs. Le P. Lachaize faisait partie de la suite du Roi. La cour était logée au palais Granvelle.

pendant les années de notre gloire, qui ont refusé leurs suffrages au despotisme lorsqu'il demandait une couronne, et qui, malgré les obstacles dont ils étaient environnés, ont entretenu et même propagé les idées de patriotisme et d'indépendance qui ont toujours électrisé les cœurs franc-comtois.

Il appartenait au premier Roi qui ait associé à son nom celui de citoyen, de venir parmi nous, qui, malgré notre éloignement du théâtre des grands événemens de juillet, avons applaudi des premiers à son élévation sur le trône désormais populaire de France. Il nous tardait de voir, de contempler le Prince qui nous a sauvés de l'anarchie en nous donnant la liberté, de faire entendre les accens de notre reconnaissance à un Monarque dont la pensée unique est de conserver l'honneur de la patrie, et de faire le bonheur de ses peuples.

Quoique le Roi eût prescrit de ne faire aucune dépense pour sa réception, de toutes parts on se préparait à le recevoir d'une manière digne de lui et de nous. Les gardes nationaux surtout se disposèrent dans toutes les communes à paraître en plus grand nombre et avec la tenue la plus convenable, dans les journées pendant lesquelles le Roi devait être dans nos murs. Partout on voyait se multiplier les uniformes; partout on travaillait au costume de notre milice citoyenne; on rivalisait de zèle : les exercices militaires étaient fréquens, et, quand bien même ils étaient fatigans, qu'ils enlevaient aux ouvriers un tems précieux pour leur famille, tous étaient soutenus par l'espoir de se trouver devant un Roi qui semble préférer à tous les insignes de la royauté, l'habit de garde national.

Le 25 juin, un grand nombre de milices nationales des communes éloignées, notamment de Morteau, de Pontarlier, de Mouthe, d'Ornans, arrivèrent dans nos murs, précédées de leurs musiques et de leurs sapeurs. Celle de Pontarlier était suivie d'une trentaine d'enfans de treize à quinze ans, portant l'antique blouse gauloise et la lance au poing, marchant avec précision, manœuvrant avec habileté, et prenant dans leur attitude militaire l'extérieur des vieux guerriers : ils étaient commandés par le fils d'un ancien militaire de Pontarlier (1), du même âge que ses compagnons d'armes. Presque tous les gardes nationaux étaient en uniforme; à peine un seizième n'avait pas le costume militaire; quelques-uns avaient, à l'exemple des Polonais, suppléé aux fusils qui leur manquaient, par des faux placées au bout d'une perche, en guise de fer de lance : l'aspect de ces hommes ainsi armés avait quelque chose de terrible. Vers les cinq heures du soir, on vit aborder au quai Vauban trois embarcations, d'où sortit avec sa musique, le bataillon de la garde nationale de Dole, qui avait eu l'heureuse idée de venir à Besançon par le canal : il avait mis vingt-deux heures à faire le trajet. En général, tous ces soldats-citoyens, malgré la fatigue et la pluie, avaient une belle tenue, marchaient avec ordre, et faisaient les mouvemens militaires avec plus de précision qu'on ne devait s'y attendre (2).

Pendant le même tems, les troupes de ligne allaient occuper leurs cantonnemens autour de la ville, ou arrivaient dans nos murs pour faire, avec la garnison et la garde nationale, le service de la place, et celui de Sa Majesté (3). De toutes parts on s'empressait d'aller à

(1) M. Laferrière, officier retraité et lieutenant de la garde nationale.
(2) On a distingué parmi les gardes nationales les compagnies d'artillerie de Besançon, les beaux bataillons de Dole et de Morteau avec leur excellente musique, les détachemens de l'arrondissement de Pontarlier et de Quingey, surtout les deux compagnies de cavalerie. Celle de Pontarlier était arrivée dès la veille : elle offrait un effectif presque égal à celle de Besançon. Cet escadron dont le costume est si riche et si brillant a fait le service auprès de S. M. Une partie de la compagnie de Besançon était allée jusqu'à Roulans et même jusqu'à Baume, sous le commandement de M. Dauchy, son capitaine pour escorter S. M. : elle l'a reconduite jusqu'à Voray, limite du département : l'escadron entier a suivi le Roi dans toutes ses courses pendant son séjour à Besançon.
(3) Les troupes étaient placées :
*Huitième régiment de chasseurs à cheval* : 1 escadron à Saint-Fer-

la rencontre de ces nouveaux hôtes : on se fit un plaisir de les fêter, et on commença dès ce jour à célébrer avec eux l'arrivée du Père de tous les Français.

Déjà les maisons étaient pavoisées de drapeaux aux trois couleurs : les rues de notre ville étaient jonchées d'étrangers et d'habitans, de soldats et de gardes nationaux, qui attendaient avec impatience le moment où le Roi arriverait dans notre ville. Un avis de M. le maire prévint les citoyens que Sa Majesté ne pouvait être dans nos murs qu'à dix heures, un courrier ayant apporté la nouvelle que le Roi ne partirait de Béfort qu'à midi.

M. le préfet et M. le général Chabert s'étaient rendus à la limite du département pour y recevoir le Roi : ils l'accompagnèrent dans sa marche, pendant laquelle S. M. a passé en revue les gardes nationaux de Montbéliard et de Baume (1). M. le lieutenant-général, comte Morand, commandant la division, M. le général Boulard, commandant l'école d'artillerie, l'état-major de la division et les états-majors de l'artillerie et du génie, le corps de l'intendance militaire, s'étaient portés à une demi-lieue de la place pour recevoir Sa Majesté, qui, arrivée

jeux, 1 à Dannemarie, 2 à Chemaudin, 1 à Avanne, 1 à Grandfontaine.

*Neuvième régiment de chasseurs à cheval :* 2 escadrons à Recologne, 1 à Audeux et Champagney, 1 à Noironte et Chaucenne, 1 à Pelousey et Pouilley, 1 à Franey, Lavernay et Corcondray.

*Troisième régiment d'artillerie :* 1re batterie à Besançon, 2e à Vaux et Mazerolle, 3e à la Vèze et Morre, 4e à Auxon-dessus et Auxon-dessous, 5e à Larnod et Beurre, 6e à Besançon, 7e à Marchaux et Amagney, 8e à Besançon, 9e à Beaupré, Roche, Thise et Chalezeule.

*Troisième escadron du train :* l'état-major à Besançon avec 93 chevaux ; le reste à Mamirolle, Grand et Petit Saône.

*Trente-sixième régiment d'infanterie de ligne :* 1er bataillon à Pouilley-les-Vignes et Montboucon ; 2e à Pirey, École et Valentin ; 3e à Serre, Frasnois et Saint-Ferjeux.

*Trente-septième régiment d'infanterie de ligne :* les 2 bataillons à Besançon.

*Treizième régiment d'infanterie de ligne :* en garnison à Besançon.

(1) On a compté environ 6 à 7,000 gardes nationaux à Montbéliard, et 5 à 6,000 à Baume.

sur le territoire de la commune, fut complimentée par M. le maire (1).

En avant de la première barrière, M. le baron Dellard, commandant de la place de Besançon, a offert à S. M. les clefs de la forteresse.

Les troupes de la ligne et la garde nationale de Besançon (infanterie et artillerie) avaient été placées sur les différens points que le Roi avait à parcourir depuis son entrée dans la ville jusqu'à l'hôtel de la préfecture qui devait lui servir de palais. Deux escadrons de chasseurs et la garde nationale à cheval formaient l'escorte de S. M.

Avant d'entrer dans la ville, le Roi, le duc d'Orléans et le duc de Nemours, montèrent à cheval et firent leur entrée dans la ville, accompagnés d'un brillant cortége (2); il était neuf heures. Les salves d'artillerie, tirées de la Citadelle, des forts Griffon et Bregille, le son des cloches de toutes les églises, annoncèrent que Sa Majesté avait passé les ponts : toutes les rues que le cortége traversait avaient été illuminées; les cris de *vive le Roi, vive la Liberté*, répétés avec amour, retentissaient de toutes parts, et n'ont cessé d'accompagner S. M. jusqu'à son palais. Le Roi répondait à cet élan des cœurs franc-comtois par des signes non équivoques d'affection ; le sourire était sur ses lèvres, et son visage annonçait la satisfaction. Louis-Philippe se trouvait au milieu d'un peuple fidèle, attaché aux libertés publiques et au Prince qui en est le protecteur.

A peine le Roi était-il arrivé, qu'il reçut les corps constitués, et les autorités civiles et militaires (3). Les

---

(1) Voyez page 5 des *Discours*.

(2) Le Roi et les princes étaient accompagnés des maréchaux Soult et Gérard, du ministre du commerce, des barons Athalin, Berthois, Fain, des généraux Baudrand, comte d'Houdetot, baron Damas, du général Heymès, et d'autres personnages de marque. La suite de S. M. était de plus de cent personnes. Le général Athalin est d'origine franc-comtoise, et le général Baudrand est de Besançon.

(3) Voyez les *discours* prononcés dans cette circonstance, et les *réponses* de S. M.

réponses de S. M. étaient accueillies aux cris unanimes de *vive le Roi*, poussés avec élan et avec enthousiasme. Il y avait sympathie entre le Roi et son peuple. On entendait un langage franchement constitutionnel; la facilité avec laquelle s'exprimait S. M. annonçait que ses idées lui étaient familières, qu'elles étaient dans son cœur. La figure du Roi prenait le caractère de l'amour, quand il parlait de son peuple, du désir de le rendre heureux; elle était noble et majestueuse, quand il parlait des libertés publiques, de sa ferme volonté de les maintenir, de la nécessité, après les avoir arrachées au despotisme, de les protéger contre les tentatives de l'anarchie; enfin elle était toute guerrière, lorsqu'en faisant part des espérances qu'il concevait de voir la paix se maintenir, il disait qu'il était tout prêt à défendre l'honneur national, comme il l'avait fait à Jemmapes. En un mot, toutes les paroles de S. M. respiraient les sentimens les plus libéraux, les plus conformes à l'opinion nationale (1).

Cette réception s'est faite sans aucune espèce de cérémonial : la foule des personnes introduites dans le palais arrivait auprès du Roi et des Princes, les environnait et les pressait de toutes parts, de manière même que S. M. a été plusieurs fois gênée, et que les Princes se sont trouvés confondus avec les personnes admises à l'audience royale. Un petit nombre de citoyens de la milice nationale et de soldats de la ligne veillait au maintien de l'ordre, et servait de garde d'honneur.

S. M. a ensuite admis à sa table un assez grand nombre de fonctionnaires et d'habitans de la ville, qu'une aussi haute faveur a dû combler de reconnaissance.

Cette soirée eût été plus brillante si le temps avait fa-

---

(1) Parmi les ecclésiastiques qui ont été reçus avec le plus de bonté par le Roi, on a remarqué MM. Breuillot et Griffon, qui tous deux ont eu l'honneur de manger à la table de S. M. Ce dernier a présenté au Roi une demande en grâce pour un malheureux domestique condamné à mort : le Roi a daigné lui donner des espérances qui sans doute se réaliseront.

vorisé les illuminations ; mais une pluie qui n'a cessé qu'après le départ du Roi, n'a pas permis aux Bisontins ni aux étrangers de parcourir les rues resplendissantes de notre ville : il n'a pas été même possible de tirer le feu d'artifice préparé à Chaudanne, par les canonniers du 3ᵉ régiment d'artillerie. La pluie, qui devint le lendemain plus forte encore que la veille, n'empêcha pas d'envoyer, dès le matin, les troupes de ligne au Polygone où le Roi devait les passer en revue : l'artillerie seule ne reçut point l'ordre de s'y rendre. A neuf heures la garde nationale fut appelée aux armes : elle se hâta de se réunir, et elle partit pour le Champ-de-Mars, pleine d'empressement et de joie. Elle était fière de prouver au Roi que rien ne pouvait ralentir son zèle ni diminuer son ardeur. Cependant la pluie tombait par torrens : les cris de *vive le Roi, vive la liberté*, se faisaient entendre quand elle redoublait, et l'on eût dit que chacun la bénissait de ce qu'elle venait donner à la milice citoyenne du département du Doubs une occasion de montrer qu'elle savait tout affronter pour son Prince, et qu'elle serait toujours prête à tout braver pour le Roi et la patrie. Les cris de *vive le Roi* étaient répétés quand quelques nouveaux détachemens de troupes ou de gardes nationales arrivaient sur le terrain, et prenaient leur place dans le lieu fangeux qui leur avait été assigné. Presque toutes les troupes étaient réunies ; les élèves du collège royal étaient sous les armes avec leurs chefs, au pied de la tente préparée pour recevoir le Roi (1). Déjà depuis trois heures les soldats et les citoyens étaient exposés à la pluie glaciale qui les avait inondés, lorsque l'ordre arriva de rentrer en ville. Quelques-uns furent blessés de ce que le Roi ne venait pas les passer en revue : ils ne savaient pas qu'il était étranger à l'ordre et au contre-ordre qui avaient fait sortir et ensuite rentrer la garde

(1) Cette tente était un trophée d'armes : les colonnes et la balustrade avaient été faites d'une manière très élégante, avec des lances, des pistolets et des sabres.

nationale. Le hasard a fait connaître au Roi, malgré les précautions qu'on avait prises pour la lui faire ignorer, la singulière bévue qui avait été commise, et nous pouvons affirmer que s'il eût connu que les troupes et la garde nationale étaient sous les armes, il serait venu auprès d'elles comme il l'a fait à Pont-à-Mousson et dans d'autres lieux ; il a daigné même dire à plusieurs officiers de la garde nationale de Besançon, admis le soir à sa table, que lui aussi eût bravé le mauvais temps pour venir auprès de notre population armée, s'il avait su qu'elle attendait sa présence : *Je sais*, a-t-il dit, *que quand des Français s'exposent à la pluie pour leur Roi, leur Roi doit jeter là le manteau, et venir se mouiller avec eux*. La sincérité de ces paroles a été prouvée le soir même où le Roi, malgré la pluie, a parcouru les rangs des troupes.

Pendant la matinée du dimanche, le Roi et les Princes ont assisté à une messe célébrée au palais de la préfecture, par M. l'abbé Balloz, aumônier des sourds-muets. S. M. a reçu aussi plusieurs députés des villes et des communes environnantes.

A une heure, le Roi, précédé et suivi de la garde nationale à cheval de Besançon et de Pontarlier, et d'un détachement de chasseurs, a visité plusieurs établissemens publics. Il était accompagné des Princes ses enfans, et d'un brillant état-major. La première pensée du Monarque a été pour les malheureux que leurs souffrances privaient du bonheur de voir leur Roi. Ainsi, de son palais, le Prince est allé à l'hôpital Saint-Jacques, dont il a parcouru toutes les salles ; il en a admiré la propreté et la bonne tenue ; il avait entendu parler, a-t-il dit, de ce bel établissement, mais la réalité a dépassé son attente. Plusieurs militaires blessés ont eu le plaisir de l'entendre s'informer, auprès d'eux-mêmes, de leur position (1) ; et il ne les a point

---

(1) M. Villars, chirurgien en chef de l'hôpital militaire et chevalier de la légion d'honneur, a fixé l'attention particulière de S. M. sur deux militaires

quittés sans leur donner des preuves de l'intérêt qu'il leur porte. On a remarqué que le jeune duc de Nemours n'est point allé dans la salle des fiévreux : il avait demandé à une sœur de vouloir bien lui dire quand on approcherait de cette salle, afin, a-t-il ajouté naïvement, de ne point y entrer, parce que *sa maman le lui avait défendu*. C'est à l'hôpital que M. l'abbé Boillot a remis au Roi un placet en grâce pour un soldat condamné à mort : S. M. a daigné lui répondre qu'il se ferait rendre compte de cette affaire; et tout en cachant lui-même le placet sous son habit, il a ajouté, que c'était une de ces pétitions qu'il devait placer *là* pour ne point la perdre de vue.

De là le Roi s'est rendu à la manufacture de tapis de MM. Wey frères, où une exposition des produits de cet établissement avait été préparée. D'un côté de la salle on avait placé les *droguets*, espèce de draps grossiers composés de laine et de fil qui servent à l'habillement des habitans des campagnes : vis-à-vis étaient les différens tapis que produit cette fabrique; enfin le plafond était entièrement couvert de laines aux trois couleurs, disposées avec beaucoup de goût. L'aspect de cette galerie était remarquable; S. M. a touché chacun de ces différens produits, les a examinés avec soin, a demandé à M. Hippolyte Wey si les laines et les autres matières premières étaient du pays, quels étaient les principaux procédés de fabrication; et après avoir dit à cet estimable négociant, qu'elle avait eu beaucoup de plaisir à voir son établissement, elle lui a témoigné d'une manière toute particulière *combien elle appréciait des travaux qui dotaient le pays d'une industrie nouvelle, et l'affranchissaient d'un tribut payé à l'étranger*.

Le Roi passant devant le Collége royal, a mis pied à

---

dont l'un est un gendarme nommé *Clémence*, amputé par suite d'une chute de cheval faite dans son service, et l'autre se nomme *Louis-Philippe Roth*, maréchal-des-logis qui a eu la jambe fracturée. Ces deux militaires ont reçu des consolations et des secours, et même la promesse d'une retraite honorable.

terre. Il a été reçu par le Proviseur et les autres fonctionnaires du Collége qui se sont trouvés réunis. Il est entré dans la première cour où les élèves étaient rangés en bataille. A son approche, le tambour a battu aux champs, le peloton armé a présenté les armes, et de toutes parts les cris de *Vive le Roi* se sont fait entendre. S. M. a dit aux élèves, avec une bonté qu'il est impossible de rendre,
« *qu'il n'avait pas voulu passer devant le Collége royal sans*
» *venir les voir, sans leur donner un congé et leur adresser*
» *quelques mots d'amitié : il les a exhortés à bien travailler,*
» *à se bien conduire, et à se rendre dignes de la patrie dont*
» *ils sont l'espérance : C'est le seul moyen*, a-t-il ajouté, *de*
» *mériter les fonctions qu'elle vous réserve, et c'est aussi la*
» *meilleure manière de récompenser la France de tout ce*
» *qu'elle fait pour votre éducation.* »

Ensuite le Roi a reçu avec beaucoup de bienveillance le discours suivant du Proviseur, que ce fonctionnaire n'a pas voulu prononcer pour ne point retarder la marche de S. M.

« Sire,

» En vous présentant les élèves du Collége royal, je puis vous dire avec vérité, *voici vos trésors*, puisque ces jeunes enfans sont l'espérance du pays et les soutiens futurs du trône constitutionnel. En faisant élever vos fils avec les nôtres, vous avez rompu pour toujours cette barrière qui séparait le peuple de ses chefs, vous avez préparé à la France un bonheur durable. Car ceux-là seuls peuvent dignement commander aux autres, qui ont appris à vivre avec eux.

» Nous avons cherché à faire de nos jeunes élèves des hommes réunissant tout à la fois la science et la vertu. Sire, il y a sympathie dans ces jeunes cœurs quand nous leur parlons d'honneur et de patrie. Par une conduite souvent digne d'éloges, ils ont fait voir qu'ils savaient comprendre qu'il n'y avait point pour eux de bonnes études sans discipline et sans bon ordre. Aussi la France, soit en paix, soit en guerre, peut compter sur la jeunesse de nos colléges. Pendant la paix, elle saura remplir les devoirs et les obligations qu'impose le titre de citoyen; et si jamais, ce qu'à Dieu ne plaise, l'indépendance de la patrie menacée l'appelait sur les champs de bataille, elle prouverait, aux cris réunis et inséparables de *Vive le Roi, vive la Liberté*, en se serrant autour de votre Majesté, autour de ces jeunes princes qu'ils ont presque le droit de regarder comme d'anciens camarades, que les enfans des soldats de Jemmapes et d'Austerlitz n'ont rien perdu de la bravoure de leurs pères. *Vive le Roi ! Vive la Liberté !* »

Sa Majesté est sortie au milieu des cris mille fois répétés de *Vive le Roi*, et au moment de remonter à cheval, elle dit, avec le sourire le plus aimable, au Proviseur qui l'accompagnait : *Surtout, M. le Proviseur, n'oubliez pas le congé !*

S. M. a visité ensuite notre belle bibliothèque : la vaste salle où près de quarante mille volumes ont été réunis avec tant de zèle par notre savant et modeste compatriote M. Weiss, a frappé les regards du Roi, qui, après l'avoir parcourue avec attention, a su apprécier avec une rare exactitude le nombre de livres qu'elle contient. A la vue du buste colossal qui représente avec tant de bonheur et de noblesse l'image de S. M., le Roi s'est informé du nom de l'artiste qui en est l'auteur, et a manifesté la satisfaction que lui faisait éprouver cette œuvre de M. Besson, de Dole, dont le talent méritait cette flatteuse distinction. Le Roi a vu ensuite le *musée Pâris*, qui fait partie du même établissement. Ces antiquités, léguées à notre cité par un de nos compatriotes, ne sont guère, malgré leur rareté et leur prix, que le germe d'une collection plus nombreuse et d'un véritable musée : c'est ainsi qu'en a sagement jugé le Roi qui a demandé à en voir le conservateur : M. Weiss s'étant approché, S. M. à qui aucun homme de mérite n'est inconnu, et qui n'ignore point la passion de notre bibliothécaire pour les livres, lui a dit, en souriant, que sans doute il préférait quelques volumes à ces antiquités : Sire, lui a répondu M. Weiss, je m'occupe avec plaisir de livres, d'antiquités, de tableaux. Ce sont là, reprit le Roi, des goûts fort heureux. Ces paroles du Roi fournirent à M. Weiss l'occasion de prier M. le maire de demander au Roi la superbe collection connue sous le nom de *Galerie d'Orléans*, ouvrage précieux qui manque à notre bibliothèque. Mais le ministre du commerce, consulté sur cette demande, assura qu'il n'en existait plus aucun exemplaire. Le Roi ayant entendu ces derniers mots, se fit répéter par le ministre ce qu'il venait de dire : Eh bien, dit-il, en se tournant du côté de M. Weiss, c'est moi qui me charge de vous en trouver un et de vous l'envoyer ; mais, ajouta-t-il, il est un autre ouvrage que vous ne me demandez pas, parce que, quoique vous ayez lu beaucoup de catalogues, vous ne le connaissez pas encore : c'est la notice sur quarante mille portraits que j'ai recueillis dans ma jeunesse. Je les ai rangés par ordre de *contemporanéité* (je fais ce mot, mais vous le comprenez). J'ai rédigé cet ouvrage dans le temps où je pouvais encore m'amuser (vous imaginez bien que ce n'est pas maintenant). Je ne le donne qu'à mes amis, et je vous en promets un exemplaire pour votre belle bibliothèque. La ville de Besançon doit être glorieuse de recevoir des mains du Roi un présent aussi précieux, qui est pour nous la meilleure preuve de la haute estime que S. M. porte à notre cité, à nos savans, à nos artistes.

De là le Roi est monté à la Citadelle, où le commandant, M. Rambour, a eu l'honneur de le recevoir à la contrescarpe. S. M. a vu avec plaisir l'ordre et la propreté qui règnent dans cette forteresse : elle en a examiné, les plans en main, les différentes parties : puis, montant sur les rondes de Tarragnoz, elles les a parcourues dans toute leur étendue, admirant le coup d'œil magnifique, le tableau varié que présente, dans ce lieu, le vallon du Doubs, environné des montagnes de Trois-Châtels, des collines de Beure et de Chaudanne. Pendant ce temps-là les Princes regardaient avec curiosité les *disciplinés* qui étaient sans armes, demandaient la différence qu'il y a entre cette troupe et les *pionniers*, étudiaient, en laissant tomber perpendiculairement des pierres du haut du rempart, l'escarpement de la montagne sur laquelle est assise la Citadelle, enfin ne laissaient échapper aucune occasion de s'instruire sur tout ce qui concerne cette place forte. En descendant de cette haute fortification, le Roi, qui marchait en avant, se trompait de chemin et montait l'escalier qui conduit à l'appartement du commandant : celui-ci s'approcha de S. M., et lui dit : *V. M. désire sans doute se reposer; cet escalier conduit à mon appartement. Non,* dit le Roi, *je suis trop pressé;* puis apercevant la famille du commandant, il ajouta avec sa bonté et sa grâce ordinaire : *Je suis charmé que cette occasion me procure le plaisir de présenter mes hommages à madame la commandante et à toute sa petite famille.* C'est par cette affabilité, par ces vertus populaires que le Roi a su partout gagner tous les cœurs.

S. M. est descendue sur la place des Casernes, où les gardes nationales et les troupes de ligne attendaient la revue. Malgré son immense étendue, cette place ne pouvait contenir tous les corps qui devaient défiler devant le Roi : les rues voisines en étaient jonchées. Les gardes nationales étaient en bataille et à rangs serrés; chaque peloton précédé du maire de la commune qui l'avait fourni. S. M. a passé à cheval avec les Princes et leur état-major, devant les différens fronts de bataille, adressant des paroles flatteuses aux chefs des corps, et se montrant sensible à l'empressement de ces citoyens qui, malgré la pluie dont leurs habits étaient encore imprégnés, avaient voulu se procurer le bonheur de se présenter en armes devant elle. Le Roi s'étant ensuite placé devant le manége, a vu défiler, pendant près de trois heures, cette milice citoyenne du département du Doubs, artillerie, pompiers, infanterie et cavalerie, dans une attitude guerrière, marchant avec ordre et précision, et faisant entendre avec transport les cris d'amour et de liberté qui sont désormais les cris de ralliement de tous les Français. Les différentes musiques militaires qui précédaient ces bataillons faisaient retentir les airs de chants patriotiques. Les drapeaux étaient déployés; ce n'est pas sans quelque émotion que l'on a remarqué dans une compagnie d'un village voisin un grand drapeau de 89, que le Roi a salué à plusieurs reprises (1); plusieurs maires avaient aussi des écharpes de la même époque. On peut estimer à dix mille le nombre de gardes nationaux qui ont paru dans cette fête de famille : il eût été plus grand si, le matin, les citoyens n'eussent pas été inondés par la pluie : plusieurs n'étaient plus en mesure de se présenter à la revue du soir; et il en est d'autres qui n'ont pas voulu, par mécontentement, retourner à une cérémonie que le mauvais temps, selon eux, n'avait pas dû faire ajourner.

A la tête des gardes nationaux on a vu défiler les élèves du collége royal. Immédiatement après la visite que le Roi leur avait faite, le peloton armé s'était rendu, d'après l'invitation de M. le lieutenant général Morand, à la place des Casernes : il était dirigé par l'officier instructeur, et commandé par l'élève Guillaumot, sergent-major. Le proviseur, le censeur et l'un des professeurs, marchaient comme guides à la droite du peloton, revêtus de l'uniforme de grenadiers de la garde nationale (2). Tout le monde a admiré la belle tenue de ces jeunes gens qui, en défilant devant le Roi, à la droite de tous les corps réunis, ont mérité d'être comparés aux plus belles compagnies de la revue, et ont obtenu l'approbation de S. M. et des Prin-

---

(1) Il appartient à la commune de Bouclans, et avait été conservé par un ancien officier.

(1) M. Huard, proviseur, a été élu capitaine de la 6ᵉ compagnie du 2ᵉ bataillon de la garde nationale de Besançon : mais convaincu qu'il se devait entièrement au collége dont la direction lui a été confiée, il a regardé comme un devoir de ne pas accepter cette honorable distinction.

ces. Si le temps avait permis de célébrer cette solennité au Champ-de-Mars, les élèves du collège royal auraient partagé avec les vétérans l'honneur de garder le trône : ils ont prouvé, par la précision de leurs manœuvres, qu'ils n'étaient point indignes de cette faveur, dont ils étaient si fiers, et que leur avait ménagée le lieutenant général, commandant la division.

Après la revue de la garde nationale, le Roi a fait approcher le préfet, et avec cet accent qui part du cœur, lui a adressé ces paroles : *Je vous charge spécialement, M. le préfet, de témoigner aux braves gardes nationales de votre département, combien j'éprouve de satisfaction de leur bonne tenue, de leur discipline, et de cet excellent esprit qui les anime. Dites-leur que je compte sur elles, si la patrie réclamait leurs secours, et qu'elles peuvent compter sur moi à la vie et à la mort. Dites-leur aussi combien je regrette que le temps ait été si peu propice pour cette fête de famille. N'oubliez aucune de mes paroles, M. le préfet, et encore vous ne pourrez rendre les sentimens que j'éprouve.*

Lorsque la milice citoyenne eut entièrement défilé, les troupes de ligne se sont mises aussitôt en bataille : l'infanterie était commandée par le général Chabert; la cavalerie par le plus ancien colonel, et l'artillerie par le général Boulard. Après avoir parcouru les rangs, le Roi a fait approcher des détachemens de tous les régimens qui étaient réunis; en leur donnant leurs drapeaux et leurs étendarts, il les a harangués (1).

Les colonels ont ensuite présenté ces drapeaux à leurs régimens, et tous les soldats ont juré de leur être fidèles. Après cette cérémonie le Roi a distribué des croix d'honneur à des officiers et des soldats de chaque régiment. Ces décorations n'ont été données qu'à l'ancienneté. On remarque parmi les commandeurs nouvellement élevés à cette dignité, les généraux Verdière et Dellard, les colo-

(1) Voyez dans les *discours*.

nels de Longuerue (état-major), Garnier (13ᵉ de ligne), Dumond (9ᵉ chasseurs), Dugua (8ᵉ chasseurs); parmi les officiers, MM. Thouminy, lieutenant-colonel du 13ᵉ, Bay, chef de bataillon du même régiment, Deshaules, chef d'escadron du 3ᵉ d'artillerie, Hamelin, major du 3ᵉ d'artillerie (1). Les troupes mirent plus de deux heures à défiler devant S. M., qui est ensuite rentrée au palais, où elle reçut à sa table des citoyens de toutes les classes et une grande partie des officiers de la garde nationale. Pendant cette seconde revue, une très forte pluie est tombée, sans que S. M. prît la moindre précaution pour s'en garantir. Aussi tous ses vêtemens étaient-ils couverts d'eau, et l'on a pu se convaincre encore plus, par l'état où se trouvaient S. M. et les Princes, que ce n'était pas le mauvais temps qui les avait retenus le matin.

Un bal avait été préparé en l'honneur de S. M. et au profit des indigens. C'était sans doute une bonne idée que de faire tourner les plaisirs de ce jour à l'avantage des malheureux : c'était une bonne œuvre à laquelle le cœur du Roi s'est montré sensible. La salle de spectacle avait été décorée pour cette fête ; le coup-d'œil était magnifique. Cette enceinte brillante présentait aux regards étonnés une multitude de beautés, dont les toilettes variées et resplendissantes ornaient de mille couleurs et paraient de mille façons cet élégant amphithéâtre. Des drapeaux réunis en faisceaux, des médaillons suspendus à des guirlandes et représentant le Roi et les Princes, des inscriptions analogues à cette fête, et surtout cette devise toute française, *liberté, ordre public*, placée au-dessus de la porte principale, décoraient l'entrée de la salle. L'as-

(1) Le 13ᵉ de ligne a eu 14 chevaliers, le 36ᵉ 9, le 37ᵉ 11, le 8ᵉ de chasseurs 3, le 9ᵉ 4, le 3ᵉ d'artillerie 11, le train des parcs 3. La différence qui se trouve dans les décorations qui ont été données par régiment, vient de ce que des croix avaient déjà été accordées le jour de la Saint-Philippe, et que l'on a voulu en régulariser le nombre, de manière à le rendre à peu près égal par régiment.

semblée était nombreuse : tous les rangs y étaient confondus, et l'allégresse était peinte sur toutes les figures. Vers les dix heures, les cris de *vive le Roi*, poussés par la multitude placée hors de l'enceinte, annoncèrent l'arrivée du Roi, qui était accompagné des princes, de leurs aides-de-camp, des maréchaux Soult et Gérard, du ministre du commerce, du préfet du département et du maire de Besançon : c'est avec un enthousiasme difficile à décrire que S. M. a été reçue : avant de prendre place, elle a parcouru l'enceinte de la salle, saluant avec grâce les dames qui en faisaient le plus bel ornement. Quand elle se fut rendue dans la loge qui lui avait été préparée, les cris de *vive le Roi*, mille fois répétés, se firent entendre de toute part. Le Roi, debout, répondait par des gestes d'amour, à ces marques d'une affection qui n'était ni équivoque ni commandée ; plus d'une fois on l'a vu porter la main sur son cœur, et alors les acclamations redoublaient. On avait les yeux fixés sur cette figure royale qui respire la bonté ; on étudiait tous ses mouvemens : on admirait cette confiance d'un prince qui vient au milieu de nous, qui y reste sans garde, sans cet entourage militaire qui est nécessaire au despotisme : on se répétait qu'il n'y avait qu'un Roi populaire, l'*élu de la nation*, qui pût sans danger se mêler avec la foule, et ces réflexions faisaient redoubler encore les cris de fidélité et d'amour dont retentissait la salle. Enfin le bal a commencé : les ducs d'Orléans et de Nemours l'ont ouvert avec Mademoiselle Morand, fille du lieutenant-général, et mademoiselle Maire, fille du colonel de la garde nationale de Besançon. Dans leurs quadrilles figuraient des jeunes gens et des dames de tous les rangs. Madame Grobost, épouse d'un négociant de cette ville, et mademoiselle Micaud, fille du premier adjoint, ont eu l'honneur de danser avec Leurs Altesses Royales, qui étaient confondus dans la foule, où ils étaient serrés de manière à pouvoir difficilement se livrer aux plaisirs de la danse. Les jeunes princes se sont fait remarquer non seulement par leur élégance, mais encore par leur amabilité, par leur grâce : on les a vus parler à leurs danseuses, s'entretenir familièrement avec des jeunes gens, s'abandonner, en un mot, au plaisir de cette fête populaire. Pendant ce tems, le Roi prenait part aux divertissemens des danseurs : il suivait leurs mouvemens, en même tems que les cadences de la musique; il parlait à ceux qui l'entouraient, tantôt au ministre du commerce, tantôt au maire de Besançon, souvent au préfet. Rien ne saurait peindre le contentement que respiraient les traits de S. M., qui n'a quitté la salle que vers minuit : le jeune duc de Nemours s'est retiré avec le Roi; mais le duc d'Orléans a voulu prolonger le plaisir qu'il éprouvait dans cette réunion brillante : il a continué de prendre part à la danse, et quand il a quitté le bal, il semblait témoigner du regret de ne pouvoir rester plus long-tems.

Pendant cette soirée, la ville avait été entièrement illuminée.

Dès le lendemain, le Roi reçut encore dans la matinée les citoyens et les fonctionnaires, qui voulurent lui adresser des demandes ou qui étaient chargés des adresses de leurs communes ou de leurs corps. Après déjeûné, il est monté à cheval, toujours accompagné des princes et de leur escorte. Déjà les premières voitures étaient parties ; à chaque instant on en voyait partir de nouvelles : tout annonçait que le départ était prochain. La garde nationale de Besançon et de la banlieu formait la haie et était en bataille sur le côté droit de la rue, depuis le palais jusqu'à la porte de Battant : le 13e régiment de ligne occupait l'autre côté. Sa Majesté reçut en partant de nouveaux témoignages de l'amour et de la fidélité des Bisontins : ce ne fut qu'un seul cri depuis le palais jusqu'au-delà des limites de la place : les acclamations étaient unanimes, et c'était du fond du cœur qu'elles partaient.

Avant de reprendre sa voiture, S. M. et sa suite sont allées au fort Bregille : *Cela vaut bien la peine d'être vu*, dit le Roi, quand il fut dans l'enceinte de la forteresse. Après en avoir fait le tour, il remarqua que l'ennemi pouvait facilement, depuis le bois de Chalezeule, faire des tranchées et approcher de la place, s'il y avait dans cet endroit beaucoup de terre végétale; mais on lui répondit qu'il entrait dans les plans des ingénieurs de laisser le roc à nu en enlevant la terre qui d'ailleurs est en petite quantité. S. M. est descendue de Bregille vers les 3 heures: la foule s'était portée de nouveau sur ses pas, et faisait entendre les mêmes cris de *vive le Roi :* le Roi paraissait de plus en plus sensible à ces témoignages d'affection et de fidélité. Ayant rencontré sur son passage les jeunes élèves du collège, il a parcouru à cheval toute leur ligne, en leur témoignant, ainsi qu'à leurs maîtres, une bienveillance dont il est impossible qu'ils perdent le souvenir.

M. le maire de Besançon a accompagné le Roi jusqu'au moment où il est monté en voiture. Avant de quitter S. M. ce magistrat lui a adressé le discours suivant :

« Sire,

» Votre séjour dans cette cité a redoublé notre dévoû-
» ment à vous, à votre auguste famille; nous sommes
» plus que jamais assurés de votre attachement à la pa-
» trie : vous avez persuadé à tous nos habitans que vous
» étiez citoyen encore plus que Roi, et que vous n'aviez
» d'autres pensées que notre bonheur et le triomphe des
» principes pour lesquels nous avons combattu. Tout ce
» que je vous exprime est aussi adressé aux princes, vos
» fils, qui se sont attaché tous les cœurs.

» Nous regrettons bien vivement, Sire, de vous avoir
» possédé si peu de temps; mais vous pouvez compter
» sur nous; nous conserverons à jamais le souvenir de vo-
» tre présence, et il sera toujours cher à nos populations,
» à tous les amis de la liberté. »

Prenant alors la main du maire, et la serrant avec une véritable affection, le Roi lui a dit : *M. le maire, en vous prenant la main, je serre celle de tous les habitans de Besançon.*

Le séjour de Louis-Philippe et des Princes ses fils, laissera de longs souvenirs dans les cœurs des habitans de la province accourus pour les voir : tous ceux qui ont eu le bonheur de contempler leurs traits, n'ont pu s'empêcher d'y remarquer cette bonté, cette franchise, cette loyauté, dont ils ont donné, parmi nous, les preuves les plus éclatantes. Tous ceux qui les ont entendus ont pu se convaincre qu'ils aiment les libertés publiques autant que nous les aimons nous-mêmes ; qu'ils veulent non-seulement les faire respecter par l'étranger, s'il venait à les menacer, mais même en inspirer l'amour aux partisans du despotisme. Nous pourrions faire connaître les actes de bienfaisance qu'ils ont répandus parmi nous ; les pauvres n'ont pas été oubliés pendant ces heureuses journées ; déjà par les soins de M. le maire, dès le matin du 26, des distributions extraordinaires de pain leur avaient été faites à l'hôpital Saint-Jacques et à Bellevaux. S. M. leur a fait remettre, par les mains de ce magistrat, la somme de 1,500 f. Les sourds-muets ont reçu aussi des marques de la haute protection qu'accordent nos Princes aux institutions philanthropiques. D'autres malheureux ont été soulagés par la munificence royale ; des secours et même des pensions ont été donnés à plusieurs habitans de notre ville ; la plus grande partie de ces libéralités faites à l'infortune, ont été enveloppées d'un voile mystérieux qui les cache à presque tous les regards. S. M. a voulu que la nouvelle troupe de M. Claparède n'eût pas à se plaindre de l'emploi que l'on a fait de la salle du spectacle, et ne perdît rien pour avoir été empêchée de donner des représentations ; le directeur a obtenu à cet effet 1,000 francs de dédommagement. Nous voudrions pouvoir dire toutes les impressions qu'a produites dans les cœurs la présence de ces Princes bienfaisans et populaires. Cette visite n'a été pour notre ville l'occasion d'aucune dépense. Le magistrat qui a reçu le monarque n'a pas eu à supporter les frais immenses qu'entraînait autrefois ce dispendieux honneur : c'est le Roi qui a payé tout ce qui a servi à son usage : sa table était la sienne, et quoiqu'il fût loin du Palais Royal, il était toujours chez lui.

Franc-Comtois, nous avons vu dans d'autres temps l'appareil d'une royauté de droit divin; nous venons de voir le cortége populaire d'une royauté de notre choix. Dans d'autres temps, le trône n'était entouré que des grands et des seigneurs ; c'est nous qui dans ces derniers jours en avons approché de plus près. Dans d'autres temps, c'est en fléchissant le genoux et à une longue distance, qu'il était permis de faire entendre les vœux du peuple; il y a quelques heures notre Roi était pressé par les citoyens qui lui parlaient avec confiance. Dans d'autres temps, on ne nous donnait la liberté qu'à regret; et nous avons entendu le Roi nous promettre de nous la donner entière et de la défendre si elle était attaquée.

Bisontins, Franc-Comtois, n'est-ce pas là le Roi que nous avons désiré? N'est-ce pas là la royauté telle que nous l'avons voulue?

*Discours du Maire de Dole.*

« Sire,

» Le corps municipal et les chefs de la garde nationale de la ville de Dole viennent offrir à Votre Majesté l'hommage de leur respect et de leur fidélité inaltérable. Ils ont salué, d'une acclamation unanime, le retour de l'ordre et les prémices d'un règne qui promet à la France de longs jours de bonheur et de paix.

» Si pourtant cette paix était menacée, Dole se lèverait tout entière, pour défendre son Roi, pour conserver la charte, et pour affermir un trône qui trouve dans les lois son plus ferme appui.

» Oui, Sire, nos cœurs et nos bras sont à vous, parce que vous aimez la patrie, parce que vous avez la volonté et le pouvoir de faire respecter le nom Français. »

Le Roi a répondu, qu'il était touché des sentimens qu'on lui exprimait, et qu'il regrettait de ne pouvoir, dans le cours de son voyage, visiter la ville de Dole, où l'appelaient les vœux d'une population dont il appréciait le patriotisme et le courage.

*N. B.* On n'a pu se rappeler les propres paroles de S. M. mais en voilà le sens.

---

Besançon, Imprimerie de Ch. Deis (1831).